AF438689

# OBSERVATIONS

## D'UN

## HOMME IMPARTIAL

### SUR LA

## LETTRE DE M<sup>R</sup>. *****

### A'

## M<sup>R</sup>. S. B.

### DOCTEUR EN MÉDECINE A KINGSTON DANS LA JAMAIQUE, ETC.

*Justum est bellum quibus necessarium,*
*Et pia arma quibus nulla, nisi in armis,*
*Reliquitur spes.*

———

LONDRES.

1776.

# OBSERVATIONS

## D'UN
## HOMME IMPARTIAL,
### SUR LA
# LETTRE DE M^R. *****
### À
# M^R. S. B.

DOCTEUR EN MEDECINE A KNGSTON,
DANS LA JAMAIQUE, ETC.

La lettre de Mr. ***** à Mr. S. B. m'a paru susceptible de quelques observations interessentes. Je ne doute pas qu'elle n'ait paru telle à bien d'autres personnes plus en état que moi de les faire valoir. Quoiqu'il en soit je vais commu-

A

niquer les mienes , avec tout le defintereffe-
ment & la bonne foi d'un homme, qui n'a d'autre interêt en caufe, que celui que les ames honêtes & vertueufes prennent dans la querelle de
la grande Bretagne, avec les Colonies Americaines. Querelle malheureufe! Querelle! dont l'is-
fue femble annoncer la ruine d'un peuple puis-
fant, heureux, riche, libre; d'un peuple en un
mot, qui paroiffoit fait pour exiter l'envie & pi-
quer l'émulation de tous les autres peuples de
l'Europe.

L'Auteur de la lettre paroit éffrayé de la tâ-
che que fon ami de Kingfton lui impofe, &
comme s'il fe défioit de fes forces, il lui envoye une brochure, dans la quelle les Droits de la
grande Bretagne fur les Colonies, font énoncés,
détaillés & fuppofés prouvés.  C'eft à cette piè-
ce qu'il le renvoie pour fçavoir ce qu'il doit penfer fur cette importente affaire.

Je penfe que l'Auteur de la lettre eût mieux
fait de s'en tennir là.  Son Garand allors eût été
obligé de repondre aux argumens que le Docteur S. B. pourroit faire contre un Syfteme
que peu de perfonnes adopteront fans difficulté.

Mr.***** a cru mieux faire en refumant
dans

dans fa lettre une partie des argumens de l'Auteur de la brochure qu'il envoie à fon ami. Sa
reponfe n'eft effectivement qu'un abrégé analy-
tique du petit livre intitulé ; *Les Droits de la
grande Bretagne contre les Colonies.* On feroit même tenté de croire que la lettre de Mr. *****
& le petit livre en queftion font du même Auteur. Que cella foit, ou non, il n'en eft pas
moins vrai qu'en publiant fa lettre, *à la follici-
tation de quelques ames vertueufes* (1). Mr. *****
s'eft mis dans la neceffité de juftifier les affer-
tions, d'un livre dont il adopte toutes les maximes fans exeption. *Magnam rem fufcepifti ,*
pourroit-on lui dire, avec autant de raifon,
qu'il dit lui même à fon ami ; *Magnam rem po-
ftulafti* (2). Si j'ofois me flater d'une reponfe, c'eft en vuë de m'inftruire, dirois-je à
l'Auteur de la lettre, que je vous propofe quelques doutes fur la bonté de la caufe du Parlement Britannique. Il fe peut, continuerois-je,
que je fuis *frapé d'aveuglement ;* mais je vous affure, en honneur, que je ne fuis maîtrifé ni par
la *jaloufie,* ni par *l'envie,* ni par *la haine nationale.* Aucune paffion honteufe ne m'indifpofe
contre le tribunal fuprême de la legiflation An-
gloi-

______

(1) Lettre de Mr. ***** P. S. p. 26.
(2) Ibid. p. 3.

gloife. Que ne me paroit-il aujourd'hui, ce quil devroit être dans tous les tems! Ferme, incorruptible, entièrement devoüé aux interêts de la Nation. Si je pouvois me deguifer, que la plus belle, la plus folide, la plus jufte, la mieux combinée de toutes les Conftitutions nationalles devient impuiffente, inutille, pernicieufe même entre fes mains, outre le refpeÉt du en général à toutes les Puiffances de la terre, perfonne ne feroit plus difpofé que moi, à payer au Parlement d'Angleterre un tribut particulier d'admiration & d'éftime

*Mais venons au fait.*

„ Je ne vous dis rien du Droit inconteftable
„ que les Anglois ont de taxer leurs fujets des
„ Colonies" ( 1 ).

Je remarque premièrement que l'Auteur ne donne aux Americains d'autre titre, que celui de *fujets des Anglois.* Il me paroit qu'en cella, il s'écarte tout-à-fait de l'oppinion commune. Ce qui me paroit ètre un grand préjugé contre lui. Jusqu'à prefent on à appellé, partout, les Americains, les *Co-fujets* des Anglois Européens.
C'eft.

---

( 1 ) Lettre de Mr. ********* p. 4.

C'eſt-à-dire, que ces deux peuples enfans d'u-
ne ſeule & même patrie, ſont frères, qu'ils n'ont
l'un ſur l'autre aucune autorité, ni aucune force
coactive, & que s'ils ſont ſujets du Roi de la
grande Bretagne, ils le ſont l'un & l'autre dans
le même ſens. Le titre de *ſujets* des *Anglois* ne
convient nullement aux Americains. Encore
un coup, s'ils ſont *ſujets* ce n'eſt certainement
pas de leurs frères Européens: ils ne le ſont pas
même du Parlement Britannique; puisque tous
les membres de celui-ci, entant que particuliers,
ſont *ſujets* comme eux du Roi d'Angleterre; &
que conſidérés comme le tribunal de la Nation,
ils ne ſont que les délegués, & les repreſentans
de tout le peuple Anglois.

Je ne crois pas cependant que l'Auteur de la
lettre ait, par pure inadvertence, appellé les
Americains *ſujets* des *Anglois*; il faut qu'il leur
donne cette fauſſe qualification, pour établir
ſans peine, l'inconteſtabilité du Droit qu'ont les
Anglois de taxer les Americains. Car il eſt évi-
dent que ſi ces derniers ne ſont que ſimplement
les *ſujets* des premiers, ils doivent, ſans reſiſtence, ſe ſoumetre au fardau que leur Souverain, voudroit leur impoſer. Leur refus opi-
gniâtre ſeroit une veritable rebellion. Je ſuppoſe que le Souverain ne ſe conduiroit pas en
Tyran. Je doute que le Parlement d'Angleterre ait encore oſé appeller les Americains, ſes



ſu-

*fujets.* Dans tous les écrits qui ont paru jusqu'à préfent, les deux peuples fe font traités, de *frères*, de *Co-fujets.* Le Roi feul a le Droit de dire, *mes fujets Americains*, comme il a celui de dire, mes fujets Anglois. Il m'a paru necef-faire d'infifter fur cette méprife, ou pour mieux dire, fur la fauffe qualification donnée aux peu-ples de Colonies Angloifes.

La qualification de *Droit inconteftable*, me paroit tout auffi fauffe, tout auffi injufte, & tout auffi hafardée. Les perfonnes les plus defintereffées trouvent ce Droit au moins douteux ; un très grand nombre le trouvent illufoire ; tout le monde s'accorde a dire qu'il n'eft pas encore bien prou-vé ; cela fuffit je penfe, pour que ce Droit ne puif-fe être appellé inconteftable. Le fuffrage de tou-tes les Nations qui ont quelque connoiffence de cette caufe, trop fameufe, doit contre-balan-cer celui du Parlement Britannique, evidament vendu au Miniftere ; & le cri du peu des parti-fans des Miniftres Anglois ne fauroit rendre *in-conteftable* un *Droit*, qui ne paroit pas tel à la ma-jeure partie des perfonnes defintereffées.

L'Auteur de la lettre & celui de la brochure intitulée *les Droits de la grande Bretagne contre les Colonies* &c. font les feuls, je penfe, qui ne pa-roiffant pas avoir aucun interêt particulier dans

cet-

cette grande affaire, ofent dire que ce Droit eft *inconteftable.*

Malgrai cette affertion fi precife, l'Auteur de la brochure a cru devoir entrer dans des difcuf-fions à ce fujet. Malheureufement pour la cau-fe qu'il plaide, fes principes, n'ont pas paru af-fez folides, fes confequences affez-bien deduites pour diffiper les nuáges épaix qui obfcurciffent la verité & la réalité de ce Droit de taxation ; fes demonftrations n'empêchent pas que le Droit ne paroiffe encore très *conteftable.*

l'Auteur de la lettre un peu plus confequent, le fuppofe demontré ; c'eft pour cette raifon qu'il n'en *veut rien dire* à fon ami de Kingfton. C'eft Auteur voit fans doute les objets fous un point de vüe qui lui eft particulier. Je ne fuppofe pas qu'il ait voulu éluder la queftion. Je lui rends la juftice de croire qu'il a mal vu. Perfonne n'eft à l'abri d'une méprife ; celle - ci à la verité eft frapante : on ne conçoit pas comment quel-qu'un qui veut fe fervir de fa raifon, peut re-connoître l'inconteftabilité d'un Droit qui a dé-jà occafioné tant de difputes litteraires & tant de débats dans le Parlement d'Angleterre. Ce feroit à la verité peu de chofe, fi ce Droit con-tefté n'eût armé les Anglois contre les Anglois, s'il n'eût déjà fait verfer bien du fang en Ame-

 ri-

rique, s'il n'eût allumé le feu de la guerre civil-
le dans l'Empire de la grande Bretagne, & ſi
pour tout dire en un mot, il n'eût mis l'Angleterre & ſes Colonies à deux doigts de leur perte; au moins peut-on dire, que la ruine des Anglois Europééns & des Anglois Colons paroit aſ-
ſurée des aujourd'hui. Voilà des faits bien plus
inconteſtables que le Droit de taxation: il ne
faut qu'avoir des yeux pour ſe convaincre de
leur realité. Une *ame honête & vertueuſe* plaint ſin-
cèrement la Nation Angloiſe; elle deplore le tri-
ſte ſort que cette Nation ſe prepare; & la dou-
leur augmente en proportion de l'eſpèce d'im-
poſſibilité d'y porter rémede au mal.

Le ton affirmatif avec le quel Mr. * * * * *
annonce l'inconteſtabilité de ce Droit ( 1 ) n'en
impoſe à perſonne; je doute qu'il perſuade le
Docteur en Médecine au quel la lettre eſt adreſ-
ſée. l'Auteur de la lettre a douté lui-même de
ſon éfficace; car quoiqu'il annonce la réalité de
ce Droit comme une verité de la première evidence, il croit cependant devoir l'accompagner
d'un

---

( 1 ) *Inconteſtabilité.* Ce terme n'eſt peut-être pas François; mais tout Barbare qu'il peut-être, il rend trop bien ma
penſée pour que je ne l'adopté pas dans cette circonſtance.
Permis de le rejetter.

d'un argument qui serve à la developer. Voici
c'est argument ; & comme il ne me paroit pas
prouver la legitimité du Droit de taxation, je
vais tâcher de l'analyser.

,, La Souveraineté & le pouvoir legislatif doi-
,, vent exister quelque part ; & l'Empire Britan-
,, nique n'en connoit, selon sa constitution que
,, trois pouvoirs réunis. ( 1 )

Prouver par un raisonnement, une verité incontestable de sa nature, est une methode assez
nouvelle ; mais ce n'est peut-etre qu'une distrac-
tion dans l'Auteur de la lettre. Il est desagréa-
ble pour lui, de s'y être laissé allé, car son raisonnement ne paroit pas concluant en faveur du
Droit de taxation ; il y a plus, je le crois une
demonstration assez forte de la these contradictoire.

Les deux propositions de cet argument sont
d'une vetité incontestable, mais qu'elle en est
la consequence ? *Donc les Anglois ont un Droit incontestable de taxer les Colons Americains* : je defie
qu'en bonne Logique on puisse la deduire des
premices, ni d'aucune autre consequence legi-
dui-

---

( 1 ) Lettre de Mr. ***** p. 4.

timement deduite de celle-la.   Mettons l'argument en forme fillogiftique, & nous verrons
allors quelle confequence fuivra naturellement
des premices.

„ La Souveraineté & le pouvoir legislatif doi-
„ vent exifter quelque part.

„ Or le Parlement Britannique n'en connoit,
„ felon fa conftitution , que le trois pouvoirs
„ réunis.

„ Donc la fouveraineté & le pouvoir legifla-
„ tif exiftent dans les trois pouvoirs reunis, fe-
„ lon la conftitution Britannique".

Il eft aifé de voir la difference qu'il y a entre
cette conclufion & celle que l'Auteur de la lettre
devroit tirer de fes propres principes, pour con-
clurre en faveur de l'inconteftabilité du Droit
de taxation.   Les trois pouvoirs réunis ayant le
pouvoir legislatif, celui du peuple qui eft le premier & les principal des trois, y entre pour quelque chofe, donc le peuple doit confentir à la loi
qu'on veut porter, pour qu'elle foit obligatoire
& pour quelle puiffe être dite portée par les
trois pouvoirs réunis; donc le confentement du
peuple Americain eft abfolument neceffaire, pour
que la loi de taxation puiffe avoir fon execution;
donc s'il s'oppofé à cette loi, fon oppofition
n'eft pas une rebellion, comme on le dit, donc
en-

enfin le Parlement Britannique n'a pas le **Droit** incontestable de taxer les Américains contre leur gré. Mais j'entens déjà la reponse qu'on fait à mes argumens. On dit ; la portion du pouvoir legislatif du peuple Anglois est entre les mains de la chambre basse du Parlement, qui de sa nature représente le peuple : or la chambre basse donne son consentement à la loi de taxation, donc la loi est legitimement portée ; d'onc elle oblige les Américains. C'est argument est especieux, mais il n'est qu'un Sophisme. La chambre basse, ou la chambre des communes représente les Anglois Européens cela est vrai, mais il est faux qu'elle représente les Anglois Américains : elle représente les premiers, parce que ceux-ci y ont choisi leurs représentants & qu'il leur ont confié leurs interêts, en deposant entre leurs mains, la portion du pouvoir legislatif qu'ils ont par leur propre constitution : mais les seconds n'ont aucun représentant pour eux dans cette chambre, n'on plus que dans la chambre des Seigneurs ; donc ils n'ont confié à personne leurs interêts dans l'assemblée du Parlement ; donc ils ont gardé par devers eux, la portion du pouvoir legislatif que leur constitution leur donne, donc enfin le Droit de taxation du Parlement Britannique est au moins très contestable, de la part des Américains. J'ai dit que je croyois que le raisonnement de l'Auteur de la lettre prouvoit la proposition

con-

contradictoire de sa these; je crois que ce que je viens de dire prouve que je n'ai avancé rien de trop ; car si les Americains n'ont aucun representant au Parlement, le Parlement n'a aucun Droit d'exercer la part du pouvoir legislatif que les Colons ont comme peuple Anglois, & qu'ils n'ont confiée à personne.

Je dis plus ; & je crois pouvoir avancer, que quand bien même les Americains auroient leurs representants dans le Parlement de la grande Bretagne, le Droit de taxation seroit tres *contestable*. Un Representant n'a d'autre pouvoir que celui que son commetant lui donne; donc s'il le passe, ou s'il en abuse, le Commetant n'est nullement tenu aux obligations que son Representant contracte pour lui; or il est evident qu'on abuse d'un pouvoir confié, lorsqu'il est plus clair que le jour, que bien loin de deffendre les intérêts de son Commetant, on se laisse corrompre, on vend son suffrage à prix d'argent, on se livre enfin sans retenue & sans pudeur à un tiers qui cherche à opprimer le Commetant ; donc les Americains, même representés au Parlement de la grande Bretagne, pourroient au moins contester le *Droit de taxation*, si comme leurs co-sujets les Anglois Europééns, ils pouvoient demontrer la corruption, la trahison, la mauvaise foi, disons mieux, l'infamie de leurs Représentants.

Je

Je ne vois qu'un seul parti à prendre pour énerver la force de mes raisonnements; c'est de dire, que les Americains, par leur émigration, ont perdu leur part de ce pouvoir legislatif que le peuple d'Angleterre s'est prudement reservé; qu'en quitant la grande Bretagne, pour aller se transplanter en Amerique, ils ont renoncé à un Droit si beau & qui devroit être si cher à tous les peuples; qu'ils ont, en un mot, renoncé au Droit que la Nature donne à tous les hommes: Droit sacré, que la sagesse de la constitution Britannique avoit conservé aux Bretons, pour insulter ce semble, à la lachété de toutes les autres Nations; ou pour leur faire une leçon importante. Mais allors il faudra dire, que les Colons Americains ne sont que des esclaves de leurs freres Europééns; que ceux-ci peuvent disposer à leur gré de la fortune & de la propriété des autres. Cette étrange assertion auroit besoin de preuves; & je crois que faute de preuves, on n'a pas encore osé porter l'inhumanité & l'effronterie jusqu'à avancer ce paradoxe. Non on ne l'a pas avancé; on n'oseroit; & cependant o! Inconsequence! on agit vis-à-vis des Colonies, comme si leurs habitants n'étoient que les vils sujets de l'Empire Britannique.

Si l'Auteur me fait la grace de lire mes observations, je ne doute nullement qu'il ne crie à la

*Logomachie Sophiſtique*, comme il l'a déja fait dans
ſa lettre à ſon ami ( 1 ). Je lui reponds d'avance, que lui-même eſt tombé dans ce deffaut de
Logique.  La Logomachie eſt une équivoque
ſur les mots, qui provient de ce qu'on ne les a
pas deffinis lorsqu'ils ont peu avoir deux ſens
oppoſés ;  ce manque de précaution fait qu'on
diſpute ſans s'entendre, qu'on embrouille de plus
en plus la queſtion & qu'on finit par la perdre
totellement de vue ; faute d'avoir commencé
par expliquer la nature de ce pouvoir legiſlatif
diviſé en trois branches ; faute d'avoir éclairci
la part de ce pouvoir qui revient à chacun des
Copartiteurs ; faute ſurtout de n'avoir pas bien
expliqué qu'elle étoit la portion de ce pouvoir
qui revient au peuple Anglois ; ſous le nom général de Parlement, il a confondu ces trois pouvoirs réunis, & a voulu faire entendre que le
Parlement Britannique réuniſſoit toute la ſouve-
raineté independament du peuple & non obſtant
ſon oppoſition & ſa juſte reclamation. Ah ! ſi ce
n'eſt pas là une *Logomachie Sophiſtique*, il n'y en
eût jamais.

Quand bien même mes obſervations porte-
roient ſur des principes douteux, que mes raiſon-

ſon-

_______________________________

( 1 ) Lettre de Mr. ***** p. 4.

fonnemens ne feroient que captieux, pourvû qu'ils ne foient pas evidement faux , pourvû qu'ils méritent quelque confideration , pourvû enfin qu'ils méritent d'être réfutés méthodiquement ; il me femble que cela fuffit , pour pouvoir dire à l'Auteur de la lettre; il eft faux que le Droit de taxation que vous attribués au Parlement de la grande Bretagne , fur les Colonies Americaines, il eft faux dis-je, que ce Droit foit incontestable, puifque je le contefte, au moins avec une apparence de verité. C'eft à ceux qui me fairont l'honneur de me lire à juger, fi levidence eft du côté de mon adverfaire, & fi je n'ai que l'apparence de la verité pour moi: en me flatant du contraire, je conclus contre l'Auteur de la lettre, qu'il a eu tort de dire à fon Docteur de Kingfton; *je ne vous dirai rien du Droit incontestable qu'ont les Anglois de taxer leurs fujets des Colonies.* Eft - ce en effet repondre aux defirs d'un ami, qui demende fon fentiment fur la querelle des Colonies Angloifes avec la Mere Patrie , que de lui déclarer qu'il ne lui dira rien fur le point principal de la contestation. L'Auteur eût été plus confequent, s'il lui avoit dit, je ne puis on ne veux vous dire ce que je penfe fur cette querelle importante. Si vous voulez en fçavoir quelque chofe, lifez la brochure que je vous envoye , lifez *tant d'autres écrits qui font des chefs - d'œuvres & qui ne laiffent rien à defirer là*

*des-*

*deſſus.* S'il eût fini là ſa lettre, il n'auroit peut-être pas ſatisfait le Docteur, mais il ne ſe fût pas expoſé au reproche fondé que le public eſt en droit de lui faire. Vous voulez repondre aux deſirs de vôtre ami ; peut-on lui dire, vous lui faites part de ce que vous penſez ſur cette querelle, & vous ne voulez rien lui dire du point principal de la conteſtation ! En verité, Monſieur, cela n'eſt ni poli, ni honnête, moins encore cela repond-il à la franchiſe qu'un ami doit avoir pour ſon ami. Après avoir prouvé évidement que le Droit de taxation eſt aumoins conteſtable, je vais tâcher de demontrer qu'il eſt illuſoire & depourvu de tout fondement.

Les differentes Chartes des Colons, inſtruments autantiques de leur conſtitution particuliere, pourroient me fournir une preuve victieuſe de la nullité *du Droit de taxation.* En oppoſant les privileges & les conceſſions qui ſont enoncés dans tous ces differents titres de la liberté civile des Anglois Americains, aux violences, aux vexations, aux cruautés & aux ravages exercés en Amerique, de l'autorité du Parlement Britannique, il me ſeroit aiſé de demontrer, que la deffence des Americains eſt juſte, que leur reſiſtence à des actes tyranniques mérite des éloges, & que par conſequent le *Droit de taxation* n'a aucune réalité. l'Auteur de la lettre

tre a prévu l'avantage qu'on pourroit tirer, de cet argument contre lui ; il a tâché de le detruire ; j'examinerai bien-tôt, fi la comparaifon qu'il met en avant, pour refoudre la difficulté, fait honneur à fa Logique, à fes connoiffances politiques, fi enfin il raifone en homme inftruit: j'aime mieux lui fuppofer moins de lumières, que fufpecter fa bonne foi. Lui feul peut fçavoir, s'il a écrit comme il penfe, ou s'il n'a écrit que ce que le Miniftère Anglois fait femblant de penfer.

Je paffe à une preuve directe contre le Droit de taxation. Toute convention folemnelle oblige les parties contractantes, auffi longtems qu'elle fubfifte. Au commencement des troubles, il exiftoit entre les Americains & les Anglois, une convention folemnelle par la quelle le Droit de taxation étoit annullé, donc au commencement des troubles, cette convention obligéoit les parties contractantes. On entend aifément que c'eft de la grande Bretagne, & des Colonies dont je parle. La première propofition eft de toute evidence ; il ne me refte à prouver que la feconde ; la chofe n'eft pas difficille.

Quelle eft donc cette convention folemnelle entre la Mere - patrie & les Colonies ? C'eft qu'eu égard aux profits immenfes qui revennoient

B

à

à la première, par les arrangements faits avec la
seconde fur le Commerce ; la Mere - patrie s'é-
toit contentée de ces profits, & les regardoit
comme un équivalent fuffifent des contributions
que les Colonies auroient naturellement dû fournir, fi par cet arrengement particulier, on ne
les en avoit formelement exemptées. Ces arrangements entre les Americains & les Anglois
font fi connus, que ce feroit à pure perte, de-
vennir l'ennuyeux Echo de toute l'Europe, que
d'entrer dans quelque détail à ce fujet. Perfonne n'ignore la gêne & la contrainte impofée
par la grande Bretagne, fur le Commerce de
fes Colons ; on fçait que la Mere - patrie avoit
eu la fage précaution de réunir tous les differents Canaux par où decouloient les richeffes
immenfes du Commerce de l'Amerique feptentrionalle ; on fçait avec qu'elle vigilence fevere,
la grande Bretagne empêfchoit que quelqu'un de
ces Cannaux ne fe detournat de fon cours, on
fçait avec quelle attention fcrupuleufe on les di-
rigeoit tous à un centre commun de réunion ;
on fçait enfin que les Colons n'ont jamais man-
qué à leurs engagemens à ce fujet, qu'il leur auroit été même impoffible d'y manquer, s'ils en
euffent eu envie.

Tous ces faits étant de notoriété publique,
le *Droit de taxation* n'eft - il pas illufoire ? Ou du
moins

moins ne l'étoit-il pas au commencement des troubles ? Un Droit que l'on a vendu, ou du-moins aliéné, peut-il fubfifter, pendant que le contrat de vente ou d'alienation fubfite ? Mais l'injuftice de le faire valoir & de retennir en même tems, le prix pour lequel on la cédé, cette injuftice dis-je, peut-elle être plus monftrueufe ?

On repondra, cette convention n'a pas été irrevocable, on s'eft refervé le Droit de l'annuller ou d'y dérroger toutes les fois que les circonftances l'exigeroient. La replique n'eft pas difficile. Vous devez renoncer aux avantages de la convention, repondront les Americains, lorsque vous voulez l'annuller, ou y derroger ; il eft criant qu'elle puiffe conferver toute fa force contre nous, & que nous ne puiffions pas la faire valloir contre vous ; reprennons chacun nos Droits à la bonne-heure & procedons à des nouveaux arrengements. Laiffez-nous une entière liberté de Commerce, qu'il nous foit permis de chercher nôtre plus grand avantage, & de le prendre partout où nous le trouverons, permetez-nous de diriger nous-mêmes les fources de nôtre fortune, confentez que nous leur donnions le cours qui nous paroitra les plus convenable ; en un mot delivrez-nous des entraves que nous avons permis que vous nous miffiez, & allors nous avife-



rons

rons aux moyens les plus éfficaces pour vous &
pour nous, de contribuer aux depenfes géné-
ralles que l'Empire de la grande Bretagne eft o-
bligé de faire ; nous ne fommes pas affez ingrats,
pour pretendre à tous les avantages d'être vos co-
fujets, fans contribuer comme vous, à la felici-
té, & à la gloire commune de tous les Bretons.

Mais c'eft trop s'appafentir fur une queftion,
que l'équité naturelle decide elle-même contre
le Parlement Britannique. C'eft par cette raifon que *je ne fuis entré qu'en paffant dans cette dis-
cuffion particulière.* Il me paroit que l'Auteur de
la lettre que j'examine, auroit du y entrer un peu
plus avant, & y faire quelque paufe de plus ; ou
plus tôt il me paroic qu'il auroit mieux fait de
faire un detour, pour ne pas y entrer du tout.
Pour moi je vais continuer à le fuivre dans fa
marche rapide.

*La bonté, la generofité de la Mere - patrie, la
munifificence du Parlement Britannique envers les Colonies ( 1 ), méritent fans doute des éloges de la
part de tous les hommes, & la plus vive recon-
noiffance de la part des Colons ; mais la grande*
Bre-

---

( 1 ) Lettre. p. 5.

Bretagne pouvoit-elle fe difpenfer d'en agir gé-
néreufement avec des hommes, qui travaillent
uniquement pour l'accroiffement des richeffes
& de la gloire de l'Empire Britannique : fuppo-
fons que les Anglois transplantés en Amariqué, y
euffent été abbandonnés à eux-mêmes, l'établis-
fement important qu'ils y ont formé & qu'ils
ont porté au point de perfection où nous l'avons
vu, auroit il pu avoir quelque conciftance ? Au-
roit-il pu fe foutennir quelque année ? Il falloit
que l'Europe commençat par faire les avances à
l'Amerique, pour que dans peu de tems, celle-ci
pût rendre à l'autre avec ufure, tout ce qu'elle en avoit reçu ; l'Amerique étoit lors.de la
découverte, un vafte champ en friche, bon de
fa nature, mais pour le faire fructifier, il avoit befoin d'une culture qui ne pouvoit fe faire fans
des grandes avances. La Mere-patrie fçavoit
bien que pour recuillir, il falloit femer, elle fçavoit auffi que plus la femence feroit jettée à-propos, plus auffi la recolte feroit abondante : fur ce
principe fondé fur la fimple raifon, elle a fou-
tennu, protégé, encouragé, recompenfé, fi l'on
veut, les Colons occupés à fertilifer ce champ
couvert de ronces : a-t-elle trop fait ? Et en le
faifant, n'a-t-elle confulté que fa tendreffe ma-
ternelle ? Son interêt particulier ne l'a-t-il
pas portée à fes demarches de bienfaifence ?
Les Colons fe font-ils enrrichis fans enrrichir

B 3                              leur

leur Mere ? S'ils ont arrofé de leurs fueurs, cette terre inculte, en ont - ils feuls recuilli le fruit ? Ainfi en fuppofant avec l'Auteur de la lettre, que *les Annales de l'Hiftoire ne fourniffent aucun exemple de munificence égal à celui de la Mere - patrie envers les Colonies*, il n'en tirera aucune preuve d'ingratitude contre des Americains. Pourquoi donc relever un fait & en exagerer les circonftances, lorsque ce fait bien envifagé, tourne plus à la gloire des Colons, qu'à celle de la Mere-patrie.

„ Il appert, dit encore l'Auteur, que le Gou- „ vernement a depenfé au delà de 34 Millions „ Sterlins. pour deffendre les Colons des inva- „ fions étrangeres". ( 1 )

Mais fi le Gouvernement Britannique ne les eut pas deffendus contre les invafions étrangéres, il y a apparence qu'il eut perdu pour toujours les Colonies : s'il les avoit perdues, auroit il pu s'enrichir par le Commerce immenfe des Colonies ? En les deffendant, il n'a donc fait que deffendre la fource des richeffes qui coulloient dans le fein de la Mere - patrie. Cette generofité merite-t-elle donc de fi grands éloges ? Un
bien-

_______________

( 1 ) Lettre p. 5.

bien - fait intéressé pert beaucoup de son he-
roysme.

D'ailleurs, on a soin de nous dire, que *les extraits de la tréforerie* font foi d'une dépenfe de
34 Millions Sterlins pour la deffenfe des Colonies : il femble que l'équité vouloit qu'on fit
mention de la recette ; & pour prouver quelque
chofe en faveur de la liberalité du Gouvernement, il falloit faire la Balance de cet article,
jusqu'à ce jour ; & prouver par là, que ce qui eft
forti de la caiffe du Gouvernement à ce fujet,
exede immenffement, & ce qui y étoit entré a-
vant l'époque de la deffenfe ; & ce qui y eft
entré du depuis.    Si l'on n'a pas fourni des me-
moires à l'Auteur fur le rembourfement & les
avances des Colons à la Mere - patrie, il devoit
les demender, & en cas de refus, il ne devoit
faire aucun ufage de ceux de la depenfe de 34
Millions Sterlins.

On avoüe que les Americains ont fourni des
fecours ; c'eft fans doute parce qu'il feroit im-
pudent de le nier : mais on affure en même tems,
*qu'ils ont été bien payés & même gratifiés* ( 1 ): il
falloit dire quand & comment ?

*Les*

---

( 1 ) Lertre p. 5.

B 4

*Les habitans de la Martinique, de la Guadaloupe, de Cuba, & du Canada peuvent attefter que la Nation Angloife fait tout en grand* (1) ; à la bonne heure ; mais fes habitans peuvent-ils, attefter que les *Anglois ont plus enrichi les Americains par leur Commerce, qu'ils ne fe font enrichis avec eux?* La chofe n'eft pas fi claire, pour qu'elle ne merite des difcuffions ferieufes, & les habitans cités en temoignage, n'ont pas été mis en même de faire cette jufte évaluation. Il pourroit fe faire d'ailleurs, que la propofition fut vraie, fans rien prouver contre les Americains. Suppofons que les Anglois fe foient appauvris par leur Commerce avec les Colonies, eft-ce la faute des Colonies, fi la Mere-patrie n'a pas fçu profiter des grands avantages qu'elle a retirés de ce Commerce lucratif? Eft ce la faute d'un Père qui laiffe en mourant des grands biens à un enfant, fi ces grands biens même font la caufe de fa ruine? N'eft-ce pas la faute du diffipateur, ou de l'homme negligent? C'eft peut-être pour vouloir faire tout *trop en grand* que les Anglois fe font appauvris, lorfqu'ils avoient l'occafion infaillible de s'enrichir avec leurs Colonies, en les enrichiffant à leur tour.. On craint avec raifon, que les moyens que le Gouvernement Britan-

tan-

_______________________________________

(1) Lettre p. 5.

tannique prend actuellement pour reparer fa fortune, n'accellerent aucontraire, fa ruine totalle.
Il eft déplorable pour les Colons, que la leur,
doive tomber du même coup.

Il femble qu'on ne devroit pas regarder comme une bagatelle, les avantages que la Mere-patrie retire du Commerce de l'Amerique en général. Par l'Acte de Navigation qu'elle a paffé
avec les Colons, & par les precautions, qu'elle
a pris pour gêner le Commerce des Colonies &
le faire tourner presque tout à fon avantage particulier, fes profits doivent être immenfes. Tout le monde a cru jusqu'a prefent, que
cet objet étoit de la plus grande confequence, qu'il étoit une fource abondante de riches-
fes pour la grande Bretagne. L'Auteur de la
lettre l'envifage fous un point de vue bien dif-
ferent ; *les petites reftrictions*, dit-il, *au fujet du
Commerce des Colonies & l'Acte de la Navigation font
juftes & conftitutionales ; & lexiguité de l'objet.*
&c. ( 1 ). Rien de fi aifé que d'avancer des faits
qui contre difent l'oppinion générale, mais rien
de fi difficile que de les prouver. C'eft je penfe la raifon pour la quelle l'Auteur fe difpenfe
de donner quelque preuve de *l'exiguité de l'objet*

en

_______________________________

( 1 ) Lettre p. 6.

B 5

en queftion, de l'objet je crois, qui feul fait le point de la conteftation; car, que le Parlement renonce à *l'Acte de Navigation*, qu'il laiffe au commerce des Colonies une entiere liberté, en un mot qu'il renonce à tous les avantages qu'il retire de fon contrat focial avec les Colonies, deslors on verra celles-ci fe prèter de bonne grace à une taxe qui leur paroitra jufte, des quelle fera proportionée; & elles la croiront telle, des que leurs reprefentans au Parlement Britannique, choifis, delegués & autorifés par elles, y auront donné leur affention, ou du moins auront eu contre eux, la majorité des voix. Les Colonies reconnoiffent l'équité & la juftice de l'exergue *æquo jugo*, mais elles pretendent que le joug porte autant fur-leur tête que fur celle de la Mere-patrie; & elles fe plaignent avec raifon, que fi la taxe arbitraire a lieu, les joug paffera presqu'en entier fur leur tête.

Dire que les Americains n'ofoient pas encore contefter le Droit que le Parlement avoit de les taxer ( 1 ), me paroit une contradiction frapante avec cette autre propofition; *l'Acte du Timbre adopté dans presque tous les pays policés, gendarma ceux de la Baye Maffachuet &c.* Peut-on en effet, con-

te-

_______________

(1) Lettre p. 7.

tefter plus ouvertement un Droit, que de refufer de s'y foumetre, des le premier moment qu'on veut le faire valoir? Si le Parlement Britannique s'en eft defifté, n'eft ce que par pure *condefcendance*? Eh! pourquoi le Parlement n'a-t-il pas eu la même condefcendance pour revoquer l'acte de taxation fur le The? Tout ce femble l'y engageoit: tout l'y portoit, au moins des qu'il a vu que la conteftation devennoit ferieufe, & que l'oppiniatrété des Colonies étoit invincible; il étoit de fa fageffe, de facrifier le peu de chofe & les petits avantages qui devoient lui revenir de cette taxation fi moderée, au jugement de l'Auteur de la lettre. L'Impot fur le The étant fi modique, il ne valloit certainement pas la peine d'envoyer des troupes en Amerique pour en faciliter la perception. Quoi pour un rien, pour une bagatelle, bruller vos villes, égorger vos frères, tenter de les affamer? Pour des minces fommes, vous conftituer dans des fraix immenfes? Vous expofer à ruiner la Nation? Pour quelques Milles Livres Sterlins, augmenter la dette Nationale, de-jà affez confiderable, & vous mettre dans l'impoffibilité d'acquiter vos engagements Nationaux? Eft-ce donc là peut-on demender à cette Nation fage, Libre, entendue, à cette Nation qui fait tout *en grand*, eft-ce donc là vôtre ouvrage, celui de vôtre Parlement. Que pour une épeingle, deux en-

fans

fans s'arrachent les cheveux, qu'ils fe bleffent
même dangereufement, que l'un tue l'autre, la
chofe eft concevable; ce font deux enfans;
mais que pour un intérêt à peu prés de la - même confequence, le Parlement Britannique met-
te a feu & a fang les Colonies, qu'il les devafte,
qu'il cherche a les deftruire & a les anneantir,
qu'il les force au defefpoir, c'eft ce qu'on ne
conçoit pas, quoique le fait foit *inconteftable.*
*Ce point d'hiftoire malgré fa realité, aura peine a*
*trouver croyance chez la pofterité.*

Pour excufér & difculper le Parlement, l'Auteur avance à fa décharge, que Mr. Grenville
propofa aux Agens des Colonies de chercher elles - mêmes un *autre moyen de taxation également*
*productif* ( 1.). Il ajoute qu'on differa par cette
*raifon expreffe* la paffation de l'acte qui devoit or-
donner l'impôt. A mon avis la propofition de
Mr. Grenville aux Agens des Colonies, & le re-
tard de la paffation de l'acte ne rendent pas
meilleure la caufe du Parlement. C'étoit dire
aux Colonies, nous voulons avoir de vous tant
de Mille Livres Sterlins, fourniffez-les par l'impôt que nous allons mettre, ou impofez vous
vous-mêmes, de façon que nous ayons la même
fom-

---

( 1 ) Lettre p. 7.

fomme ; que la taxe foit mife Parlement, ou que les Americains foient forcés par le Parlement, de la mettre, cella n'eft-il pas toujours mettre une taxe ? Et en fuppofant que la Parlement Britannique n'eut aucun Droit d'en mettre fur les Colonies, eft-il difculpé en difant, qu'il a donné le choix aux Colonies, de la mettre elles mêmes, ou de la laiffer mettre par lui. Donne-moi ta bource, ou je la prends. Il me feroit affez égal qu'on me la prît, ou qu'on me forçat à la donner moi-même. Le deffaut de raifonnement de l'Auteur provient, de ce qu'il fuppofe au Parlement Britannique un Droit de taxation *inconteftable.* Sur une telle fuppofition il peut écrire tout ce qu'il lui plait ; mais pour convaincre, il faut demontrer & non pas fuppofer.

Mr. de Grenville, felon l'Auteur, demontra aux Agens des Colonies que la guerre faite pour la deffenfe de l'Amerique feptentrionalle avoit occafioné *une depenfe additionelle de 2+0 Mille Livres Sterlins.* ( 1 ). La demonftration de Mr. Grenville peut être exacte, fans que le Droit de taxation en devienne plus réél. Il eft conftant que les Americains ont fait de leur coté pendant cette guerre, des depenfes tres confiderables

bles

---

( 1 ) Lettre p. 8.

bles pour concourir à leur propre deffenfe, &
ne pas en laiffer tout le foin aux Anglois; il eft
certain encore que l'avantage de s'être mainte-
nus dans leurs poffeffions & d'avoir repouffé
leurs énnemis, eft au moins partagé entre eux &
les Anglois leurs frères ; il eft certain encore
qu'avant la guerre, l'Angleterre avoit fait des
gros profits fur les Colonies, fi donc la guerre
foutenue pour leur deffenfe, à occafioné une
depenfe additionelle de 240 Mille Livres Sterlins à la grande Bretagne, elle n'a fait que contribuer de fa portion pour conferver des poffes-
fions qui lui font fi avantageufes: bien plus, elle
n'a fait que fournir une partie de l'avanance
qu'elle avoit parçue fur les Colonies.

L'Auteur fait une imputation honteufe aux
Colonies en difant, qu'enhardies par la douceur
des procédés du Parlement, elles fe font permis
plufieurs crimes & qu'enfin elles ont fini par *con-
fpirer contre leur legitime Souverain* ( 1 ). Hereu-
fement que l'imputation n'eft qu'une Calomnie.
Pour que l'accufation fut fondée, il faudroit prouver que les Americains ont refufé, ou refufent
encore de reconnoitre le Roi de la grande Bretagne

---

( 1 ) Lettre p. 9.

tagne pour leur Souverain , *dans le même sens* qu'il l'eſt de tout l'Empire Britannique ; il faudroit prouver , ou qu'ils ont voulu ſe ſouſtraire à ſon autorité, ou qu'ils ont conſpiré contre ſa vie, ou enfin qu'ils ont fait quelque entrepriſe pour ſe gouverner independament de la portion legitime du pouvoir, que les Bretons ont remis entre ſes mains : ſi l'on lit ce qu'ils ont écrit, depuis les troubles actuels, leurs remontrances, leurs adreſſes , leurs reſolutions , leurs proteſtations formelles , dictées par leurs aſſemblées Nationales , approuvées par leurs differents Congrés , nommement par ceux tenus a Philadelphie , on ne trouvera rien qui indique, qui puiſſe même faire ſoupçonner une conſpiration , une revolte contre le Roi de la grande Bretagne leur Souverain ; ces écrits ne reſpirant d'un bout à l'autre qu'une ſoumiſſion parfaite & telle que des Bretons fidelles la doivent à leur Roi ; ils parlent avec une noble liberté, parce qu'ils doivent être libres par leur conſtitution ; mais le ton qu'ils prenent, en expoſant leurs Griefs, en demendant reparation des torts qu'on leur fait, en ſoutenant leurs priviléges, & deffandant leur propriété, en deplorant leur état, en un mot en ouvrant à leurs frères , leurs cœurs dechirés pour reveiller leur humanité, ce ton, disje, n'eſt que celui de la décenſe & celui de l'honneur : les taxer de ſeditieux & de rebelles c'eſt

ne

ne pas connoitre la force des termes, c'eſt ignorer la conſtitution des Américains, celle de la
grande Bretagne, ou c'eſt ſe prêter aveuglement en faveur de la cauſe la plus injuſte &
la plus inique. Je l'ai déjà dit, & je le repette,
je ne crois pas l'Auteur de la lettre capable d'une telle baſſeſſe. Je crois ſeulement qu'il ſe
trompe lorsqu'il croit, & qu'il ſuppoſe, que le
Parlement Britannique eſt, ſans reſtriction, le
*Souverain* des Americains. Cette qualification ne
peut convennir au Parlement que dans un ſens
impropre. Ce n'eſt que par un abus des termes
qu'on peut la lui donner. L'Auteur lui - même
eſt de mon avis, lorsqu'il à dit plus haut, que
*la Souveraineté reſidoit dans les trois pouvoirs réunis.*

   J'obſerverai en paſſant, que les Americains
n'ont pas *détruit le The* & qu'ils *ne l'ont pas fait
bruller*, par la crainte ſeulle qu'on voulut *les forcer d'en boire* ; mis par la raiſon bien plus plauſible, qu'on vouloit le leur faire boire beaucoup
plus cher, s'ils trouvoient à propos d'en boire.
Ils ne craignioent pas qu'on leur donnat la queſtion
avec une Décoction de The, mais ils ne vouloit
pas qu'on donnat la torture à leurs Droits & à
leurs priviléges Les comparer à des *brigands &
à des vouleurs de grand Chemins*, parceque la populaſſe s'eſt portée à un éxés que tout le monde

de blâme, que les chefs de la Nation n'ont peu
empêcher, c'eſt tout au moins, manquer de re-
ſpect à un peuple qui merite la conſideration des
honêtes gens.    Un ſimple particulier qui ſe per-
met des taxations auſſi infamantes, commet un
plus grand exés, que n'eſt celui d'une popu-
lace éffrenée qui s'emporte ſans reflexion, &
qui parcequ'elle ſe croit libre, abuſe des droits
d'une honête liberté.

L'Auteur me paroit ſçavoir bien ſuperficielle-
ment, l'Hiſtoire de la malheureuſe revolution ſur
laquelle il écrit.   Selon lui, *la Longanimité du
Gouvernement Anglois & ſes Menagements envers des
Rebelles ſi denaturés* ( 1 ) , *leur à donné le tems
de s'armer* &c.   Mais l'Auteur oſeroit-il a-
vancer que ces pretendus rebelles ont été les
premiers en armes, que ç'eſt eux qui ont commencé les hoſtilités, qu'ils ont les premiers ver-
ſé le ſang de leurs frères? Je croirois faire tort
aux connoiſſances de mes Lecteurs, de m'arrê-
ter à prouver contre lui, qu'ils ne ſont pas les
aggreſſeurs ſanguinaires de leurs frères.   Toute
la terre ſçait qu'ils n'ont pris les armes, que pour
leur deffenſe, & que lorsque, par le Blocus du
port

––––––––––––––––––––––––––––––––––

( 1 ) Lettre p. 9.

C

port de Boston, ils ont vu qu'on alloit uſer de violence contre eux. Un Charlatan, ou un homme qui na rien de mieux à dire, peut perdre ſon tems à ramaſſer & à détailler les preuves ſans nombre, d'un fait de notoriété publique; un homme qui à le moindre ſens commun ne tombera pas dans ce deffaut. Le ſens commun devroit empêcher auſſi d'avancer, ou d'inſinuer des faits dementis par tant de preuves inconteſtables.

L'Auteur avoue que „ les Colonies en géné-„ ral, ou que quelqu'une en particulier, peut a-„ voir quelques griefs fondés, qui exigent des „ ammendements"(1). C'eſt encore quelque choſe. Mais ce qui ne ſignifié rien, ou qui n'eſt qu'un défaut de raiſonnement, c'eſt qu'il ajoûte *qu'on paſſera juſqu'à l'indulgence pour tâcher de ſatisfaire* les parties lezées. Les griefs une fois reconnus, doivent être redreſſés & ammandés par juſtice, & non par pure *indulgence*. On ne fait grace à perſonne, lors qu'on lui rend la juſtice qu'on lui doit; l'indulgence eſt une pure grace.

L'Auteur dit encore que le Colonies lezées ne doivent s'attendre à cette indulgence, qu'au préhalable elles, n'ayent *réconnu la Suprematie de la Mere patrie.* Mais en quoi conciſte cette *Su-*
pre-

---

(1) Lettre p. 10.

*prematie* ? Eſt elle un pouvoir abſolu, tyranni-
que, qui peut-être exercé ſans reſtriction ? Les
Colonies ne la reconnoitront jamais, & c'eſt
pour ne pas s'y ſoumettre, que les Colons expo-
ſent leur fortune & leurs vies. L'Auteur doit
cependant l'entendre dans ce ſens rigoureux ;
Car il n'y a qu'un Tyran qui redreſſe par pure
*indulgence*, de griefs conſtatés. Un Despote
d'Orient deppouille un de ces ſujets de tous ſes
biens les plus chers, il les lui rend en tout ou en
partie par puré *indulgence*, ce ſujet malheureux
éprouve allors les triſtes efféts de la *Suprematie*
despotique.

Les Americains dont on ne veut redreſſer les
griefs que par *indulgence*, doivent être confon-
dus avec les Eſclaves Orientaux. Que devien-
dra la liberté de tous les Anglois, ſi l'on établit
la *Suprematie* du Parlement Britannique dans le
ſens de l'Auteur que j'éſſaye de combatre ?

On fait valoir encore la condeſſendence que
la Mere-patrie a eue d'accorder aux Colonies,
la parmiſſion *de ſe tâxer elles mêmes*. Pour les y
engager, on leur *a inſinué que les taxes ſeroient pour
leur propre ſecurité, quelles ſeroient depenſées pour
eux & chez eux* (1). Les Colonies n'étant mé-
na-

_______________________

(1) Lettre p. 10.

nacées d'aucune nouvelle invafion, la Mere-
patrie jouïffant d'une profonde paix, avec tous
ceux qui pourroient l'inquieter fur fes poffeffions
en Amerique, le motif de la taxe qu'on veut é-
tablir, ne doit paroitre aux Colons qu'un pretexte immaginé pour les opprimer. Ils fe refufent de fe foumetre à l'impôt, parce qu'ils ne
le jugent pas neceffaire pour leur deffenfe &
pour leur fecurité. On n'a pas befoin d'être
deffendu, quand on n'eft ni attaqué, ni ména-
cé de l'être.

On doit ce me femble faire une grande difference entre *infinuer* une chofe, & *affirmer* une
chofe. Une fimple *infinuation* n'eft pas un en-
gagement formel. Quand on a envie de tennir
fa parolle on *n'infinue* pas; mais on affure, on
promet. On doit fe déffier d'une fimple infinuation : trop fouvent ce n'eft qu'une fineffe, dont
celui qui s'y laiffe prendre, eft la dupe. Dans u-
ne affaire de confequence la prudence veut,
qu'on s'explique de façon à ne pas avoir à crain-
dre une furprife.

L'Auteur lui-même me donne à penfer que le
Gonvernement vouloit tromper les Americains,
en fe contentant de leur *infinuer* que les taxes fe
*depenferoient chez eux* & pour *leur propre fecurité.*
Mr. de Grenville declara aux Agens des Colonies

nies que les taxes devoient fervir à une partie du rembourfement de la depenfe additionelle de 240 Mille Livres Sterlins, dont l'Angleterre étoit en avance pour les Colonies (1). Donc le provenu des taxes ne devoit pas fe depenfer en Amerique, comme le Gouvernement l'*infinuoit*. *Regimber contre des taxes moderées eft une folie* (2): à mon avis c'eft quelque chofe de plus; c'eft une injuftice criante: mais il faut pour cella 1°. que celui qui met la taxe ait Droit de la mettre; 2°. que la taxe foit mife pour une jufte caufe & pour une neceffité preffente. Mais Regimber contre une taxe, injufte par raport à fa caufe, injufte par le manque d'autorité dans celui qui l'a met, n'eft nullement une folie. S'en feroit une, que de fe foumettre volontairement à un pouvoir arbitraire. Voilà le feul motif d'oppofition à la taxe, qui y a fait règimber les Americains; & pour s'en convaincre, il n'y a qu'à lire la lettre du General Lée, chef des Americains, au General Burgoyne, chef des Troupes Royalles. Voici comme s'explique ce brave Patriote, „ les Americains ne demendent „ qu'à etre gouvernés par les mêmes loix équi-

„ ta-

---

(1) Lettre de Mr. ***** p. 8.
(2) Ibid. p. 10.

„ tables dont ils ont joui depuis le premier éta-
„ bliſſement des Colonies...... Vous me de-
„ mendez encore, ſi la plainte des Americains
„ tombe ſur le fardeau des taxes; je reponds
„ que non; c'eſt le principe de la taxe qu'ils ne
„ veulent jamais reconnoitre". Le General
Lée eſt aſſurement inſtruit des veritables dis-
poſitions des Americains. Son temoignage eſt
au deſſus de toute exception. La lettre que je
cite fait honneur à ſes ſentimens, elle prouve la
droiture de ſon cœur, & le deſir ſinſere qu'il a,
de voir finir les troubles de ſa Patrie. C'eſt
dans cette vue qu'il conjure Mr. Bourgoyne ſon
ami, prêt à partir pour l'Angleterre, de devenir le *Camille* de ſa patrie, en portant le peuple Anglois à ſe deſiſter de ſes odieuſes pretentions ſur ſes frères Colons.

*Les Americains en ſe conformant aux taxes mo-
derées, auroient continué à être le peuple le plus heureux qui eût jamais exiſté ſous les cieux* ( 1 ). Les
Americains en ſe ſoumetant aux taxes les plus
moderées, les auroient vues ſe ſucceder rapi-
dement ſous differentes *inſinuations* & ſous differents pretextes; leur nombre combiné les auroit

---

(1) Lettre de Mr. ***** p. 11.

roit enfin écrafés & ruinés : ont-ils tort de ne pas vouloir être heureux à ce prix ? Ont ils tort de ne pas permettre qu'on change la forme de leur conftitution particuliere ? Impôt fur le Tymbre, impôt fur l'Etain, impôt fur la Cereufe, impôt fur le Thé, impôt fur les Verres, impôt fur le Marocain, impôt fur les Teinturies, impôt fur le Papier &c. tout ces impôts modérés en particulier, accablent par leur enfemble ; ils facilitent l'établiffement de beaucoup d'autres, & l'augmentation de chacun d'eux en particulier. On ne manque jamais de pretextes plaufibles, en apparence, quand on veut mettre le peuple à contribution.

Malheureufement il eft impoffible de fe diffimuler l'abus du Droit de taxer les fujets ; cet abus eft général dans tous les Etats. La râge des taxes a même gagné jusques dans les Republiques, où le peuple paroit être le feul Souverain légitime, & où il n'a pas même confervé l'ombre de la Souverainété. Les taxes font quelquefois un remede néceffaire ; mais ce remede plus violent quelque fois que le mal, confolide rarement la playe ; le plus fouvent il l'irritte & la rend incurable. Pour quoi ? C'eft que lorsque le danger eft paffé, le Gouvernement n'a ni le courage, ni l'équité de les furprimer. Rarement les Miniftres & les premiers d'un Etat font compris



pris

pris dans les taxes ; ou fi elles font générales, le peuple eft le feul, qui n'ait pas d'exemptions à y oppofer. L'exemple de toutes les Nations à juftement effrayé les Americains ; le dirai-je ? Leurs frères Européens depuis longtems obérés par des taxes multipliées & onereufes, leur prefagent encore ce à quoi ils devoient s'attendre, fi comme eux, ils fe foumetoient à la volonté trop arbitraire des Miniftres de la grande Bretagne. Leur jufte oppofition à des pretentions fans fondement, doit être couronée du plus grand fuccés.

Mais dit l'Auteur, *on a fuprimé des plus grandes pour n'en mettre qu'une plus petite.* Mais lui repond-on, c'eft la methode ordinaire de tous les Gouvernemens ; & cependant les peuples font partout foulés ; on furprime pour quelque tems, puis on impofe de nouveau ; & puis on fuprime, & on impofe tant, qu'à la fin le peuple fe trouve furchargé au point, que fon travail & fes fueurs fuffifent à peine, pour payer des taxes exorbitantes. En un mot les fuppreffions de certains impôts, pour les remplacer par d'autres, ne font que des rufes de Cabinet, où on ne paroit s'occuper que de la ruine de l'Etat ; fouvent pour s'enrichir de fes depouilles.

*Les Americains étoient libres*, dit notre Auteur ;
ne

ne le font-ils donc plus? Ou ne doivent-ils plus
l'être? Ils le font encore, & toutes leurs demarches annoncent un peuple libre, un peuple ja-
loux de fa liberté, un peuple enfin qui n'eft nullement difposé à fe la laiffer ravir: quand on
penfe, & quand on agit comme les Americains,
on doit efperer de fe garantir des fers de l'efclavage. L'Auteur paroit leur prédire la fervitu-
de prochaine; & tout annonce leur honneur à
couvert, & leur gloire affurée. *Ils font en bute
aux horreurs, d'une guerre civile:* continue l'apo-
logifte du Gouvernement : c'eft un très grand
malheur fans doute; mais on ne peut les accu-
fer, fans injuftice, d'avoir attiré ce fleau chez
eux, par imprudence. Ce malheur fe reparera
peut-être un jour; & s'ils y fuccombent, ils
fe confoleront de n'être malheureux, que pour
avoir effayé de repouffer la violence. Les *ames
vertueufes* laifferont tomber quelque larme fur
le tombeau enfanglanté de leur liberté. N'avoir
rien à fe reprocher, conferver l'eftime des hon-
nêtes-gens, réunir les fuffrages des gens de
bien, jusques dans le fein de la mifere, ce n'eft
être malheureux qn'à-demi.

*Le pouvoir legislatif peut abolir des loix, les al-
terer, les modifier* (1). Cette maxime eft fu-
ran-

_______

(1) Lettre de Mr. ***** p. 11.

I 5

rannée, elle eſt juſtement proſcrite en Europe, parceque la Nature la proſcrite de tous les tems, & heureuſement on ne la trouve plus que dans le Code des Tyrans. Je m'explique de cette façon, parceque je la prends dans le ſens de l'Auteur, c'eſt-à-dire dans toute ſa généralité; car je ſçais qu'elle eſt vraie dans un ſens; tout le monde convient qu'il eſt certaines loix que le pouvoir legislatif peut abroger, ou qu'il peut y deroger, mais il ne peut *abolir*, *alterer*, ou *modifier*, que les loix de circonſtance; c'eſtà-dire celles qu'on ne porte, qu'eu égard aux circonſtances où on ſe trouve. Mais les loix conſtitutionales, les loix fondamentales d'un état ne ſont pas ſuſceptibles de la plus petite alteration, pendant que celui, qui ſeul avoit le Droit de les établir, ne veut rien y changer; le Peuple. Or il eſt evidement queſtion de la loi conſtitutionale de l'Amerique Septentrionale; puisque des qu'il eſt prouvé, que le Droit de taxation que le Gouvernement Britannique s'attribue, n'eſt pas *inconteſtable*, vouloir l'exercer & le faire valoir les armes à la main, c'eſt vouloir renverſer la conſtitution nationale des Colons; donner ce Droit comme *inconteſtable*, c'eſt raiſonner ſur un faux principe, c'eſt en un mot ſuppoſer vrai, cequi eſt en queſtion. *Mais il reſte à prouver que la Mere-patrie en a fait uſage vis à-*
*vis*

vis *des Colonies, quant à leurs Chartres* ( 1 ). L'assertion est positive; le défi de l'Auteur est har-
di. Il est aisé de lui repondre de façon qu'il
n'eit rien à répliquer. 1°. Il est peut-être vrai
que la *Mère-patrie*, distinguée du Gouvernement
Britannique, n'a fait aucun usage de *son pouvoir
legislatif*, pour *abolir*, *alterer*, *& modifier les loix*
constitutionales des Colonies. Je dis *la Mère-
patrie* distinguée du Gouvernement, parce que
rééllement elle doit en être distinguée, & que
c'est tres mal à-propos, que le Ministère Britannique se donne lui seul, pour la *Mère-patrie* des
Colonies: il est encore plus honteux, pour les
partisans du Ministère, de lui accorder ce beau
titre; l'adulation ne peut-etre plus lâche, ni plus
deplacée. 2°. Il est faux, & évidement faux que
la *Mère-patrie* confondue avec le Gouvernement
Britannique, *n'ait fait usage de son pretendu Droit
legislatif vis-à-vis des Colonies, même quant à leurs
Chartres.* Avant la rupture ouverte entre la grande Bretagne & les Colonies, le Parlement avoit
déjà donné une nouvelle constitution à une de
ses Colonies; il avoit abrogé les Chartres qui la
métoit an niveau des autres, & par ce coup d'es-
say, il avoit préparé la révolution actuelle dans
tou-

______

( 1 ) Lettre de Mr. ***** p. 11.

toutes les autres. Cella fuffit pour des perfonnes qui ont la plus legére connoiffance des troubles actuels & de leur origine : cella fuffiroit auffi
pour demontrer, combien le defi du partifan du
Gouvernement, eft temeraire & deplacé. Mais
par un furcroit de preuves, ne peut-on pas lui
dire? Depuis les entreprifes du Parlement fur
les Droits des Colons, ceux-ci ne ceffent de
playder leur caufe, leurs chartres à la main ; don-
nez-vous la peine de lire ces pièces, auffi fages
que demonftratives, par lesquelles, les differents
Congrés métent les Droits de l'Amerique Septentrionale dans la plus grande évidence; dans toutes ces pièces, leurs chartres y font ou raportées
en entier, ou citées par extraits; veuillez avoir
des yeux Monfieur, & lifez dans ces piéces, combien vous vous étes abufé, en difant que la *Mère-
patrie* n'a jamais *fait ufage de fon pouvoir legislatif contre les chartres des Colonies:* ne vous étes-
vous pas expofé à être confondu, en defiant de
*prouver* un fait, que tout attefte.

Je vais combattre l'Auteur par lui-même;
cette façon lui deplaira peut-être, j'en fuis fâ-
ché; mais pour quoi fe contre dire, & fe contre dire tout de fuite: voici ce qu'il ajoute dans
le 17^eme fait de ceux qu'il dit être *authentiques* &
de noteriété publique; fait qui fuit immediate-
ment

ment celui où il a défié de *prouver*, ce que je viens
de démontrer ( 1 ).

„ Les Chartres accordées par les Rois d'An-
„ gleterre, n'ont point la force de Loix fans la
„ fanction du Parlement. C'eft comme fi les Co-
„ lonies de Surinam où des Berbiches refufoient
„ de payer les taxes impofées par L. L. H. H.
„ P. P. fous pretexte que d'anciens Princes d'O-
„ range les en euffent difpenfées ( 2 ).

Je remarque premierèment, que les Chartres
accordées par les Rois d'Angleterre ont toujours
la Sanction de la Nation, & qu'avec cette fanction, elles n'ont pas abfolument befoin de celle
du Parlement, pour avoir la *force de loix*. Par la
conftitution Nationale, la portion du pouvoir
legislatif qui revient aux Monarques Anglois,
confifte à donner leur fanction aux Bils, du Parlement ; & outre bien d'autres prerogatives, cette
conftituion accorde aux Rois d'Angleterre le
privilege de donner des *chartres* ; ainfi lorf-
que les Rois d'Angleterre exercent cette portion
de leur pouvoir ligislatif, c'eft plus tôt au nom
de

---

( 1 ) Lettre de Mr. ***** p. 11.
( 2 ) Ibid. p. 11.

de la Nation, qu'en leur propre & privé nom ;
ils ne font que l'Organe de la Nation, mais l'organe feule competante, pendant que la conftitution actuelle de la grande Bretagne fera en
vigeur. Le peuple en fe demetant en faveur de
fes Rois, de cette portion de fon pouvoir, a
conté fur leur difcretion, fur leur fageffe, &
fur leur amour pour le bien public. C'eft donc,
à proprement parler, la Nation qui accorde les
Chartres, lorfqu'il paroit que les Rois les conce-
dent ; or la Nation a-t-elle befoin de la fanction du Parlement pour accorder des privileges
qui ont toute la force de loix ? Les Rois pre-
deceffeurs de celui-ci ont eu donc un veritable
Droit d'accorder des Chartres aux Americains,
& ceux-ci font en Droit de les faire valoir, juf-
qu'a ce la Nation Angloife juge à propos de changer ou d'alterer fa conftitution nationale. En
un mot, pour que les Chartres accordées par les
Rois d'Angleterre n'eyent plus la force de *loix*,
il faut que les corps de la Nation reprenne fes
Droits à ce fujet ; il faut que le peuple Anglois
commence par priver fes Souverains de cette
prerogative ; il faut qu'il exerce ce Droit tout
feul, ou qu'il le confie à quelqu'un plus.

Les Colonies n'ont d'autres Chartres que celles qui leur ont été concedées par les Rois de la
grande Bretagne ; elles ne peuvent pas en avoir
d'au-

d'autres , parceque en Angleterre, il n'y a que le Roi qui accorde des Chartres ; c'eſt donc veritablement contre leurs Chartres que le Mere-patrie veut *faire uſage de ſon pouvoir* legislatif. Dire le contraire , & avouer en même tems que les Americains *ont des chartres accordées par les Rois d'Angleterre* , c'eſt dire que les Colons en ont que la Mere-patrie n'a jamais attaqué , & que c'eſt ces mêmes chartres qu'elle veut annuler , parce qu'elle ne les reconnoit pas valables , vu qu'elles manquent de la ſanction du Parlement. Il ſuffit de repondre à ce dernier Sophisme. Si les Chartres accordées par les Rois d'Angleterre ont beſoin de la Sanction du Parlement, pour avoir force de loix , celles que les Americains ont obtenues ſont revétues de cette condition ; ſi au contraire les Chartres ont force de loix, ſans la Sanction du Parlement, il eſt honteux d'avancer contre les Colons, que les leurs manquant de cette Sanction, ne ſont que des titres immaginaires, & nuls de leur nature.

Je remarque en ſecond lieu, & tout le monde doit le remarquer avec moi ; que l'Auteur prend ſes Lecteurs pour des grands imbecilles, en comparant à ce ſujet, les Princes d'Orange aux Rois d'Angleterre, & la conſtitution des Colonies de Surinam & de Berbiches , avec la conſtitution des Colonies Angloiſes. Je croirois inſulter

ter à mon tour, à ceux qui me fairont l'honneur de me lire, si j'insistois d'avantage sur une comparaison si deplacée. Il suffit pour s'en moquer, d'avoir une idée succinte du pouvoir d'un *Stadhouder* de Hollande. Les Hollandois & les Anglois sont deux peuples libres à la verité: mais leurs constitutions Nationales ne sont certainement pas les mêmes, elles tendent toutes deux à maintenir & à affermir la liberté des deux Nations, mais c'est par une route differente, qu'elles s'efforcent d'atteindre ce but, après le quel tout Peuple raisonable devroit tendre. Assimiler les prérogatives du Stadhouderat de Hollande, à celles de la Royauté en Angleterre, c'est donner aux Princes d'Orange plus qu'ils n'oseroient pretendre, & c'est insulter à la Majesté de Rois d'Angleterre; c'est en un mot se jouer de tout le monde.

Ce n'est pas parceque les principes du Ministère actuel de la grande Bretagne sont *incontestables*, que depuis le Commencement des brouilleries, *tous ceux qui ont été dans le Ministère les ont suivis* (1); c'est parcequ'ils sont commodes, & peut-être quelque chose de plus. On doit

---

(1) Lettre de Mr. ***** p. 12.

doit croire que ceux qui ont été ci-dévant dans le Miniſtère & qui ſont aujourd'hui dans le parti de l'oppoſition, ont mieux vu les objets, quand ils ont été en même de les conſiderer de près: que reconnoiſſant la juſtice de la cauſe des Americains, l'injuſtice des entrepriſes qu'on fait ſur eux, & la cruauté avec la quelle on s'éfforce de les ſoumettre, ces hommes vertueux ſe ſont rangés du parti des opprimés; on leur doit cette juſtice avec d'autant plus de raiſon, qu'en quitant le parti miniſterial, ils ont quité le parti où il y avoit tout à gagner pour eux & pour leurs amis; aulieu qu'en embraſſant le parti de l'oppoſition, ils ſe ſont jettés dans celui où il n'y a rien à gagner que des peines, des deſagrééméns, des chagrins, & des ſoucis rééls. La vertu ſeulle peut opperer des changemens ſi prodigieux; le caprice n'eſt pas capable d'un tel courage, ni d'un tel déſintereſſement.

On voit bien que je n'ai fait qu'examiner très ſuccintement & *comme en paſſant*, quelques uns des faits ſtipulés au commencement de la lettre de Mr. * * * * *. Ce n'eſt pas à moi de juger ſi j'en ai dit aſſez pour faire ſuſpecter ſa fidelité & pour donner une idée de la force de ſes raiſonnemens. Il m'a paru faire continuellement une miſerable petition de principe. C'eſt un

D

def-

déffaut contre le quel il s'éleve lui - même avec
force ; il taxe presque tout le monde d'y être
tombé, à l'occasion des troubles actuels de l'Angleterre. Le Lecteur jugera s'il est fondé à faire un tel reproche au public.

Le resultat qu'il pretend suivre de tous ces
faits *autentiques*, mérité encore une observation
particuliere. Entendons - le lui - même, pour ne
rien diminuer de l'énergie de ses expre-
tions.

,, Il résulte de tous les faits authentiques ci-
,, dessus énoncés, que le Parlement d'Angleter-
,, re & le Ministère Britannique, loin d'avoir
,, outre - passé leurs justes Droits sur les Colo-
,, nies, & d'avoir été au - delà, sont restés be-
,, aucoup en déça : & ceux qui ignorent la con-
,, stitution & les circonstances étranges dans les-
,, quelles ils se sont trouvés, pourroient les blâ-
,, mer beaucoup, non de ce qu'ils ont fait, mais
,, de ce qu'ils ont laissé de faire'' (1).

L'Auteur ne pouvoit faire un éloge plus fin,
plus adroit, & plus flateur de la *Longanimité*
du

_______________

(1) Lettre de Mr. ***** p. 12.

du Parlement & du Ministère Britanniques ;
quel domage que tout demente, la bonté, l'humanité, la moderation, l'équité, la patience &
en un mot toutes les excellentes qualités qu'il
préconise dans les Heros de son Panegyrique?
Quel domage en un mot, que ceux qu'il loue,
ne méritent que le blâme d'avoir méconu leurs
justes Droits & d'avoir voulu annéantir ceux
des Américains. Mais supposons que les Americains dussent être considérés comme des rebelles, l'Auteur pourroit-il dire avec verité,
que le Gouvernement Britannique, *loin d'avoir
été au-delà de ses justes Droits, est reste beaucoup en
en deça . . . . . qu'on pourroit le blâmer non de ce
qu'il à fait, mais de ce qu'il a laissé à faire?* Est-il
necessaire de refuter serieusement des assertions
si evidement fausses? Et que peut-on faire de
plus pour soutenir ses Droits, contre des sujets
rebelles, que de porter la desolation dans leurs
possessions, que de ravager leurs Campagnes,
que de bruller leurs villes & de faire perir dans
les flames, tout ce qui s'y trouve sans distinction
d'âge ni de sexe; que de porter la cruauté jusqu'à empécher, par la menace d'une mort cer-
taine, les Colons des environs accourus en foule, pour éteindre le feu, jusqu'à les empêcher
dis-je, d'arréter le progrés des flames.

Sont-ce des Anglois? Sont-ce des hommes,
qui se repaissent, de sang froid, du spectacle hor-

  ri-

rible de voir leurs frères, leurs parans, leurs amis mourir d'une mort violente? Sont-ce des hommes qui, fans s'émouvoir, voient périr leurs frères, dans une incendie? Que peut on faire de plus vigoureux pour foutenir fes Droits, que de couper les branches du Commerce qui fourniffent à vivre à une infinité de familles, lorsqu'elles n'ontd'autre reffource pour fubfifter? Mais pourquoi retracer ici des horreurs que les faftes de l'Hiftoire transmetront à nos Neveux, & que la Pofterité ne croira peut-être pas? Le Blocus du port de Bofton, l'incendie de Charles - Taun & celles qui ont fuivi cette première, la deffenfe de la Pêche de la Morüe fur le Banc de Terre - Neuve & tant d'autres coups de force & de rigeur de la part du Gouvernement Britannique, atteftent, que *bien loin d'être refté en deça de fes Droits fur les Colonies, il eft allé beaucoup au-delá de ceux* de l'humanité & qu'il a outragé ceux de la Nature. L'Auteur de la lettre trouve dans tout cella beaucoup de moderation; *on doit fuppofer charitablement que c'eft un effet de fa partialité & non de la méchancété de fon cœur: il faut le plaindre.* Qu'a donc *laiffé à faire*, le Miniftère, de la grande Bretagne pour fubjuger les Colonies? Quels font les moyens qu'il pouvoit employer pour les reduire de force? Ceux qui connoiffent la conftitution Britannique & qui ont quelque connoiffance des circonftances, dans les quelles le Miniftère

ftère s'eft trouvé, ne le *blâmeront pas de ce qu'il à laiffé à faire*; par ce qu'il n'a rien negligé & qu'il ne neglige rien pour reduire les Colonies ; mais ils le *blâmeront de ce qu'il a fait*, & des partis violents & ruineux qu'il prend, pour entraimer toute la Nation dans une ruine commune. J'accorde à l'Auteur qu'il n'y a que *ceux qui ignorent la Conftitution, qui pourroient les Blâmer beaucoup, non de ce qu'ils ont fait, mais de ce qu'ils ont laiffé de faire*; en fuppofant pourtant qu'on peut les tâxer de negligence. C'eft encore ici à mon avis, un petit défaut de raifonnement de la part, de notre Politique : qu'on examine avec attention fa propofition, & on verra qu'elle prouve, precifement le contraire de ce qu'il veut prouver; par cette raifon je n'ai pas cru devoir faire difficulté de l'adopter; car on peut lui accorder, qu'il ne peut y avoir que des hommes qui ignorent la Conftitution Britannique, qui puiffent porter un jugement favorable en faveur du Miniftère; qui puiffent même le blâmer, s'ils penfent que le Gouvernement n'a pas àgi avec affez de vigeur contre les Colonies; on peut dis-je lui accorder cette étrange propofition, & conclure contre lui, que ceux qui n'ignorent pas la Conftitution d'Angleterre, mieux inftruits que ceux qui l'ignorent, font auffi, en état de juger plus fainement de la fageffe, ou de la cruauté du Miniftère en vers les Colonies. Un juge-



ge-

gement porté sans connoissance de cause, est toujours temeraire, il est ordinairement inique, du
moins est - il presque toujours faux. Les Colonies s'embarrassent fort peu d'être condamnées
ou absoutes par ceux qui ignorent leur Constitution ; c'est au tribunal de la raison que leur cause doit - être discutée : des hommes ignorans peuvent - ils siéger à ce tribunal suprême ? Ce n'est
ni *de foiblesse*, ni *de pusillanimité*, ni *de timidité*
qu'un connoisseur *taxera la puissante & fière Nation*
de la grande Bretagne, ou plus - tôt l'imperieux
Gouvernement Britannique ; c'est de temerité,
s'il ne réussit pas, qu'on pourroit le taxer : &
quel que soit l'évenement de l'entreprise, la demarche du Ministère sera toujours jugée oppressive &
injuste. Voilà, ce me semble, quel est le jugement qu'on est en droit d'en porter, jusqu'à ce
que l'Auteur de la lettre, qui en promet une
seconde à son ami sur le même sujet, ait mieux
deffendu la cause du Ministère Britannique, dans
la lettre qui doit paroitre, que dans celle que
j'examine.

Sans être *Enthousiaste*, ni *ésprit Ambidextre qui
candida in nigrum vertit*, apres l'examen des faits
raportés par l'Auteur même, on peut, en les re-
çevant comme de notoriété publique, on peut
dis - je les tourner presque tous contre lui. Il y

a

a de la mal adreſſe de fournir des verges pour ſe faire fouéter.

Mr. ***** *paſſe aux reflexions politiques qu'il a annoncé au commencement de ſa lettre.* Je me diſpenſerai de le ſuivre plus avant. Comme elles ſont la ſuite des principes qu'il a poſés, on comprend qu'elles leur ſont annalogues. C'eſt partout, le même éſprit de partialité, le même ton de declamation, & ſur tout la même fauſſété de jugement. On pourroit dire, avec plus de verité que lui, *qu'il ne vaut pas la peine qu'on raiſonne avec lui;* mais ce ne ſont pas les appoſtrophes indecentes, qui font les Demonſtrations: elles tournent toujours à la honte de celui qui les fait; & ceux à qui elles ſont adreſſées, en ſont quittes, en les mépriſant. Je ne puis me diſpenſer avant de finir, de donner une idée de lumières politiques de l'Auteur, en raportant une ſeule de ſes reflexions.

Après avoir fait l'éloge de nôtre ſiècle & payé un tribut de louanges aux Philoſophes modernes qui l'ont éclairé, il admire avec raiſon *l'éſprit d'humanité de tollerence & de moderation qui a pénétré avec ſuccés juſques dans l'interieur des Cabinets des Princes* (1). J'obſerverai, en paſſant,

---

(1) Lettre de Mr. ***** p. 14.

fant, qu'il eſt déplorable pour les Americains, que cet éſprit vivifiant n'ait peu encore forcer les portes du Cabinet du Gouvernement Britannique, malgré les éfforts qu'il fait pour y entrer. Se feroit-on attendu que ce fut en Angleterre, qu'il dût éprouver la plus forte & la plus oppiniatre reſiſtance? Mais ce à quoi on ne devroit pas s'attendre, c'eſt qu'il y eût un homme ſur la terre, qui dit dans le même, ouvrage dans le quel il plaide la cauſe de l'oppreſſeur contre l'opprimé, *qu'un Prince, qu'un Etat, ou qu'un Souverain quelconque ne ſont puiſſants qu'autant que leurs ſujets ſont beureux, libres & aiſés; que le grand nombre ne doit pas être ſacrifié à quelques particuliers; que l'égalité & la liberté politique & civile ſont un Droit de la Nature &c.* ( 1 ). Si l'égalité & la liberté politique & civile ſont un Droit de la Nature, at-on bonne grace d'accuſer de rebellion, de cruauté, de brigandage & de trahiſon, des Colons qui n'agiſſent que pour ſoutenir ce Droit de la Nature Commun à tous les hommes; Droit qui devient particulier aux Americains, par le ſoin qu'ils avoient pris de le mettre hors de toute inſulte, par leur propre conſtitution. Cette inconcequence me paroit frapante.

Il

______

(1) Lettre p. 14.

Il ne me paroit pas moins absurde de vouloir, comme l'Auteur le pretend, rendre responsables les Americains & leurs partisans de tous les malheurs que leur resistence aux volontés de la Mere-patrie, va attirer sur le genre-humain. La peinture de ces Calamités futures, est des plus vives & des plus expressives. Jamais Prophete n'a montré son cœur dechiré avec plus de force & de pathetique que l'Auteur ; perçant dans l'avenir, il employe trois pages de son petit livre, pour demontrer que les Colonies Angloises, par leur revolte, vont faire tennir en garde les autres puissances contre leurs propres Colonies ; que le Despotisme reprendra une nouvelle force & une nouvelle vigeur dans les Etats où il paroissoit s'être endormi ; & que *la Tyrannie avec la foule des maux qui en resultent, se retablira sur les debris des fondements de la juste liberté* (1).

,, Voilà Messieurs les Colonistes, ou plustôt les
,, deffenseurs de leur mauvaise cause, à quoi vous
,, exposés vôtre siecle & la posterité. Oui la
,, posterité : vous assassinez par vos sophis-
,, mes les races futures : vous étouffez dans les
,, cœurs des Princes, autant que cella depend de
,, vous, le germe de la vertu, de la modera-
,, tion

______

(1) Lettre p. 15.

,, tion & de l'humanité ; & comme le plus fort
,, subjuguera toujours le plus foible, le nom-
,, bre de vos victimes, sera infini. " Heureu-
sement pour la posterité, cette Prophetie n'est
qu'un rêve sinistre, qu'une ménace sans fondement. Quoiqu'il en soit : qu'elle s'accomplisse,
ou non, le genre-humain sera assez équitable
pour ne pas en rejeter le malheur sur les Americains : s'ils donnent l'exemple d'une resistence
vertueuse, c'est aux autres Nations à en profiter ; & si elles en profitent, le Despotisme &
la Tyrannie succomberont toujours dans leurs
cruelles entreprises.

En proposant aux autres peuples, l'exemple des
Americains, comme un exemple de vertu, je ne
pretends pas leur mettre les armes à la main contre leurs legitimes Souverains. J'ai trop de re-
spect pour les Puissances de la terre, pour souf-
fler le feu de la revolte, & j'aime trop les hommes, pour les porter à se rendre coupables &
malheureux. Je ne confonds pas les constitutions des differends Etats ; je distingue celle des
Anglois, & je pense avec tout le monde, que
les Americains ne cherchent qu'à profiter, ou
plustôt qu'à se maintenir dans les Droits qu'elle
leur donne. Ce que j'appelle vertu chez eux,
je l'appelerois crime, revolte dans les autres Colonies, si leurs Souverains n'exigeoient que ce
qu'ils

qu'ils font en Droit d'exiger par la conftitution
de l'Etat. En Efpagne, en France & dans quelques autres Etats de l'Europe, le Droit de taxer
appartient au Gouvernement, le peuple n'a que
le parti de l'obeiffence ; en Angleterre, ce Droit
dangereux, mais neceffaire, appartient au Peuple qui fe l'a prudament refervé : ainfi conclure de la juftice de l'oppofition des Americains
aux taxes, la juftice de l'oppofition des autres
Nations, aux taxes que les Gouvernemens leur
impofent, ce feroit confondre les Conftitutions
de tous les Etats. Les Colons Efpagnols, les Portu-
guais, les François, &', n'ignorent pas les Droits
de leurs Souverains refpectifs fur eux, ils fçavent
qu'en quitant l'Europe, leur condition parraport à
leur liberté civile, n'en eft pas dévenue meilleure, ils fçavent que fi on leur a accordé quelque
privilége, celui qui l'a donné peut le reprendre,
ils fçavent enfin, qu'ils n'ont que le Droit de re-
prefentation, & que toute demarche de force
& de vigueur contre le Souverain, feroit un pas
vers la révolte; ils le fçavent & fe conduifent
en confequence. *A peine y a-t-il eu des exem-*
*ples ferieux d'une revolte dans les Colonies Efpagnolles,*
*qui depuis près de trois fiecles, occupent des vaftes*
*Royaumes en Amerique* ( 1 ). C'eft nôtre Auteur
qui

---

( 1 ) Lettre p. 16.

qui parle. Quelle apparence y a - t - il donc que l'Espagne quite les anciennes Maximes par les quelles elle a gouverné ses immenses possessions en Amerique? *Elle a étoufé dans leur naissance les petites convulsions* qui agitoient de tems en tems ses Colonies, en continuant donc *d'abaisser*, *comme Tarquin*, *les Pavots qui s'éleveroient trop dans les parterres*, elle peut se promettre de tennir les Colons dans une parfaite dependence. L'experience constante de *trois siécles*, *ou environ*, doit suffire à cette Puissance, pour la rassurer sur l'obeissence de ses Colons Americains.

On ne devient pas, de gayété de cœur, cruél, oppresseur & injuste : les Tyrans les plus décidés ont toujours un pretexte quelconque, pour fouler aux pieds les Droits sacrés de la Naturè. Quel que soit l'événément de la revolution des Colonies Angloises, il ne peut jamais être, pour l'Espagne, un motif, même specieux, d'aggraver le joug de ses Colons. Si les Anglois triomphent & qu'ils mettent à la chaine leurs Colons, les Espagnols Americains ne pourroient pas esperer d'être plus heureux que leurs voisins, dans un soulevement général contre leur Souverain. Le Triomphe du Gouvernement Anglois sur les Colonies, assurera pour toujours, celui de la Monarchie Espagnolle sur ses sujets Americains. Sans qu'il soit besoin de renforcer leur chaine, les Espagnols Americains porteront tranquillement

ment

ment celle qu'ils portent depuis la découverte de l'Amerique & depuis leur établisse-
ment dans le nouveau Monde. En un mot le
malheur des Colons de l'Amerique Septentrio-
nalle sera pour les Colons des autres Nations,
une leçon importante de soumission & d'obeissence. Si au contraire le Gouvernement Anglois échoüe, & si pour avoir voulu outre-passer
les bornes de son pouvoir en Amerique, il perd
pour toujours les Colonies, si par ses préten-
tions chimeriques & oppressives, il voit, sans
pouvoir l'empêcher, s'établir une nouvelle Re-
publique, aussi independante de l'Angleterre, que
de tous les autres Etats du monde, si enfin le
Parlement Britannique, pretendant mal à propos àgir au nom de la Mere - patrie, force par
des vexations inoüies, les Americains à se se-
parer, sans retour, de l'Angleterre, l'Espagne
& tous les autres Etats interéssés en cause,
verront bien, qu'il est très dangereux de pous-
ser à bout des sujets fidelles; que le parti de la
moderation est toujours le plus sur pour les con-
server; que l'homme quel qu'il soit, est endurant
à un certain point, mais qu'enfin foulé, opprimé, meprisé, avili, avec trop de cruauté &
d'affectation, il ne prend plus conseil que de son
desespoir, que la mort la plus cruelle, les tour-
ments les plus longs & les plus intollerables, ne
lui paroissent rien, en comparaison de l'oppro-
bre

bre de l'efclavage ; fi l'on ne veut pas couvrir
de fleurs les fers qu'on donne à l'homme, du
moins qu'on trouve le moyen de diminuer en apparence de leur poids ; fi on leur laiffe toute leur
pefenteur, ils deviennent infuportables & redui-
fent l'Efclave à la neceffité de faire fes derniers
efforts pour les rompre, au peril même de fa
vie. Si enfin les Colons Efpagnols voyoient fans
d'autre raifon, que celle de la prévoyence, leur
Souverain raffermir leur chaine, & rendre leur
fort plus malheureux, ne pourroient-ils pas s'a-
dreffer aux Colons Anglois, & leur demander du
fecours, pour s'affranchir à leur tour d'un efclavage qu'ils n'auroient pas mérité ? Et s'ils s'y
adreffoient, peut on croire que ce feroit envain ?
L'anglois naturellement genereux, mais fur-tout
énemi naturel de l'efclavage, ne voleroit-il
pas au fecours des Efpagnols cruellement trait-
tés par leur Souverain ; quand on aime la liberté,
on aime ceux qui font des efforts pour en jouir,
en admire leur vertu, on defire, ardement qu'elle foit couronée, & quand on le peut, on fe prê-
te avec plaifir, à contribuer à fon triomphe. Il
eft fi naturel de faire éprouver aux autres tout
le bonheur que l'on goûte foi-même dans l'état
de liberté. Enfin en fuppofant que les Colons
triomphent du Gouvernement Anglois, l'Efpagne loin de fe precautionner contre les Colonies
par des actes d'une nouvelle rigeur, doit au contraire

traire les engager à reſter dans la dépendence,
par des nouveaux menagements.

D'ailleurs l'Eſpagne n'a peut - être pas oublié
que les Hollandois, autres fois ſes ſujets, ne
doivent leur Liberté, qu'aux oppreſſions de Phi-
lippe II. & aux injuſtes exactions des Miniſtres
cruels de ce Prince. L'Etabliſſement de l'inqui-
ſition, & le goût pour les Dogmes de la Re-
forme, furent moins le motif & la cauſe de la
revolution, que les édits burſeaux qui ſe mul-
tiploient, & qui tendoient tous à dépouiller les
Hollandois de leur propriété & de leurs biens;
des qu'on s'en prit à leur fortune, ils reſolurent
de tout risquer pour la deffendre. Cet exemple
qu'on ne peut jamais oublier, doit apprendre à
l'Eſpagne & à tous les Souverains, que le moyen
infaillible de perdre tôt ou tard les ſujets, c'eſt
de s'en prendre indiſcretement à leur bien. S'ils
le ſouffrent, c'eſt qu'ils ne peuvent pas faire au-
trement; mais enfin l'occaſion ſe preſente, la
Nature reclame ſes Droits, l'homme ſe revolte,
il expoſe ſa vie pour conſerver des biens, ſans
ſes quels elle lui deviē à charge & inſuporta-
ble. C'eſt le Cas des Americains; ce ſera celui de tous les hommes, quand leurs Souverains
degraderont & outrageront ſans pudeur, la nature humaine, par des injuſtices attroces.

L'Exem-

L'Exemple des Americains Anglois pourroit être funeste aux autres Colons; ceux-ci pourroient embitionner de devenir libres comme les autres, ils pourroient chercher à secoüer le joug des puissances dont ils sont les sujets, ils pourroient en un mot tenter de delivrer l'Amerique de la domination Européenne; mais s'ils étoient assez fols pour oublier, ou pour mépriser ce qu'ils doivent à leurs Souverains, & qu'ils fussent assez malheureux pour que leur tentive échouat à cet égard, les Colons Anglois ne seroit nullement responsables du sang qui seroit rependu dans une revolution, à la quelle on ne doit pas s'attendre encore. Je le répéte; les Anglois Americains sont libres par leur propre constitution, ils ne veulent pas se laisser ravir cette precieuse liberté; ils veulent la deffendre, ou périr avec elle; leur deffense est donc juste, & leur resistence est vertu. Les autres Colons n'ont peut-être qu'une ombre de liberté, du moins ne sont-ils pas libres comme les Colons Anglois le sont, leur contrat social avec leurs differents Souverains, differe en entier du contrat Social des Anglois: on ne sauroit les excuser, si cherchant à le rompre, ils rendoient plus pesents les fers de la servitude dans les quels ils vivent depuis tant de siecles. De quel coté donc, qu'on envisage la conduite des Colons Anglois vis à vis de la Mere patrie, on ne peut

la

la condamner avec justice, par les suites mal-
heureuses qu'elle pourroit avoir pour les autres
Colonies. Vouloir en rendre respensable les Colonies Angloises, c'est comme l'Auteur dit lui-
même, tomber dans le manie *des Enthousiastes,
ou de ces esprits ambidextres, qui candida in nigrum
vertunt.* Les allarmes de l'Auteur de la lettre,
au sujet de *la posterité assassinée* d'avance, par
l'exemple contagieux des Colons Anglois, ces
allarmes sont vaïnes & puerilles, & sa reflexion
politique à ce sujet, n'a pas même l'apparence
de solidité. *Avec une Logique aussi absurde,* on
pourroit rendre responsables des malheurs du
genre-humain, tous ceux qui cherchent à l'éclai-
rer, à le retablir dans ces Droits primitifs, &
enfin à le delivrer de l'état d'avilissement dans
le quel il croupit depuis si longtems.

Le triomphe de l'Amerique septentrionale,
sera le triomphe de la Nature. Puissent un
jour, les Naturels du pays en se civilisant, le rendre complet.